JN437962

낙동강의 노을

박윤기 시집

을지출판공사

| 시인의 말 |

한나절이나 생각해 봐도 욕심이란 단어에 매달려 이렇듯, 어쩌지 못하고 있습니다. 시간 날 때마다, 메모해 둔 몇 자를 이제야 드러내자니 울컥하면서 두려움도 앞섭니다.

낙동강 상류 청송(靑松) 용전천에서, 여름이면 막대 대나무에 수수깡 찌를 만들어 줄에 매달고 강을 쫓아다니면서, 겨울이면 파천 탕건봉에서 지게로 나무 한 짐 해 오면서 산천에서 성장한 나는, 아무래도 그때부터 오목한 마음속엔 뭔가 담겨지기 시작했던 것 같습니다.

이것 또한 욕심 같습니다. 살던 대로 아무 생각 없이 살았으면 좋았을 텐데, 오십이 지나서야 뭔가 맺혀 있던 가슴에 응어리가 느껴졌습니다. 부끄럽지만, 아직도 늦지 않았구나 은근슬쩍 욕심을 내어 보았습니다. 이제껏 보고 들은 쓰기 쉬운 한글인데, 그래서 뭔가 생각나면 끼적거려 보았습니다. 성에 안 차서 지우기도 여러 번 했습니다. 그러나 욕심 때문에 끝끝내 버리진 못했습니다.

살다가, 살다가 글쎄…… 하여튼 저는 복이 없습니다. 부끄러워 그냥 넌지시 묻어 두려고 생각했었는데 얼마 전, 며느리가 글쎄 제 글을 들춰 본 모양입니다. 어느 날 조언해 주더군요. 발표 한번 하시라고…… 부끄럽게도 혼낼 생각은 못하고, 몇 날 며칠을 부끄러운 글에 매달렸습니다. 드러내면 혹시 부끄럽지는 않을까? 손가락질이나 안 할까? 별별 생각이 다 들었습니다.

부끄러운 마음으로 원고를 넘겨주고 가만히 지나온 세월의 무게를 느껴 봅니다. 예순다섯, 벌써 이만큼의 무게가 느껴져 어쩐지 욕심 같아서 이젠 글쓰기가 부끄러우면서 벅찹니다. 발표하고 남은, 저것들은 어찌해야 하나…… 보듬으면서 조금 더 달래 주어야 하나? 그리고 이웃들의 눈치는 또한 어떻게 감당해야 할까? 그런 마음이 듭니다.

지긋하지 못했습니다. 어린 시절의 꿈만 안고, 객지로, 객지로 떠돌아 다녔습니다. 구름 속을 헤매는 달과 같이, 산천을 헤매는 바람같이 떠돌아다니다가 이제야 문득, 어물거리면서 서 있는 곳을 되짚어 봅니다. 그래도 어릴 적 냄새가 묻어오는, 낙동강 하류에 머물고 있음을 느꼈습니다. 낙동강 상류인 경북 청송에서 성장해서 낙동강 하류인 경남 양산에서 머물고 있는 불쌍한 나를 은근슬쩍 들춰 봅니다.

이 글을 마무리하고 얼른, 낙동강 시오리 몸짓이 훤한 *임경대에 가서 막걸리 한잔에 고향 안부를 얻어들을까 생각하니 마음이 설렙니다. 낙동강에서 안부, 나의 부끄러움은 못 전해 줘도 고향의 아늑한 안부는 얻어들을 것 같아 벌써부터 마음이 붉습니다. 파전 한 접시에 막걸리 한잔, 여기에다 얻어들을 고향 안부 하나면 세상천지 부러울 무엇이 더 있겠습니까? 그런 마음에 얼른 부족한 저의 필을 놓습니다.

2017년 6월 어느 날

草山 박 윤 기 씀

* 임경대 : 양산 8경. 오봉산자락, 낙동강 변에 있음. 시오리(十五里) 낙동강 몸짓이 훤하게 보이는 옛 누각(樓閣).

Contents

차　　례

Contents

Contents

Contents

Contents

Contents

Contents

제 1 부

낙동강에서

철새들의 간이역 찾아
을숙도로 가는 그대를
언제 또 찾아와
호롱불처럼 부끄러울 날 있으랴

장미 1

아직도
사랑니 붙들고 우는
그대여!

그 몸짓
아침부터 벅찬데
사랑니 뽑으면 안 될까?

이 *쌍춘절(雙春節)
움푹한 그 빈자리에
내가 들어앉게.

* 쌍춘절 : 윤사월

홍시 1

젖어 버렸다
다 젖어 버렸다
흥건히

온 여름
궂은비에도 멀쩡하더니
누가 건드렸을까
속내까지 붉게
젖어 버렸다

덩달아
손녀의 손가락질이
가을 내내
또 아프다.

상사화(相思花)

혼자
그리워하다
발등까지 얼룩진
저 눈물

울음보다
가냘픈 이름
긴 목 위에 얹어 놓고
또 아픈 너

한나절
내 가슴에 얹혀
울다가
울다가

눈물 길
비탈에 앉아

상사병보다 또렷한
편지 쓴다.

외손녀의 산유화

철마다
외손녀가 운다.

할아버지
꽃은 왜 안 피어요?
터질 듯한 봉오리를 쳐다보며
목련 아래서 외손녀가 보챈다.
그렇게 손짓하더니
지난밤 곤해서 못 들었나 보다
늦은 밤 봄비에 물러 터진 신음 소리를,

할아버지
꽃이 너무 많아요.
외손녀의 손끝이 빨갛게 달았다.
그렇구나, 꽃이 참 많구나
천둥소리 맞추어 사랑가를 부르던 소낙비에

몸이 뜨거워진 여름 꽃
천 갈래 만 갈래 산천에서 뒹군다.

할아버지
나 이거 가질래요.
뜬눈으로 울고 있는 들국화 한 송이 꺾어 든다
그렇구나, 이젠 꽃을 아는구나
할아버지 꽃은 왜 자꾸 지는 거야?
눈 맞추기 싫어 먼 산 찾는데
애타는 가을 산, 산마저 붉다

할아버지
꽃들은 다들 어디 갔어요?
살펴도, 살펴도 산천에 꽃이 없다
할아버지 바보
할아버지 바보 외손녀가 울먹인다.
한겨울에도 꽃을 찾는 외손녀의 산유화에

할아버지는 얼룩덜룩 수묵화를 그렸다
흐릿한 눈물샘가에
철마다 꽃을 찾는 꽃 한 포기를…….

장미 2

장미여
신음 소리보담
차라리 목 놓아 울자.

신음 소리 끝에
달아오를 속내 가득 찰 텐데
그 속내
무엇으로 다 삭이겠느냐.

오뉴월
이 천지간에
망부석인 양 한없이 날 세워 놓고
꼿꼿이 달아오를
진한 그 몸서리를…….

낙동강에서

노을
그 속내만큼 아름답게
다 젖도록 타오르는 외길 속
혼자 걷는 그대 곁에 선다.

그대 위해
마음 붉은 상주처럼
목마다 넘치는 갈대들의 눈물에
어느새 가득 찬 오늘도
빈 걸음으로 준비한 이별은
어둠에 젖고,

오늘도
철새들의 간이역 찾아
을숙도로 가는 그대를
언제 또 찾아와
호롱불처럼 부끄러울 날 있으랴

이런저런 안부 속에
엊그제 고향 다녀온 그대여
낙동강이여!

* 상류에서 태어나 하류에서 늙어가니…….

하루살이 1

이 세상에서
가장 슬픈 하루살이는
태양이다

하루 한 번
붉게
붉게 울면서 태어나

구만리
막막한 하룻길을
천지간 헤집으며 고달프게 울다가

서산머리에서
눈시울마저 붉힌 채
노을 속에 열반하는
슬픈 하루살이.

다보탑(多寶塔)

석양이 어우러지는 고도(古都)에서
서라벌 여인을 만났다.

아직
잔주름 하나 없는
신라의 여인을,

실핏줄이 보이는 뽀얀 살결로
발가벗은 채
천년을 서성거린 부끄러움

부끄러움 그 틈새에서, 나는
한나절 여유 붙들고
넌지시 그녀 속마음에 젖는다.

붉은 태양처럼
그렇게

그렇게 진한 마음이 어우러져
한바탕 눈싸움이 지나며
속내를 벗어난 그녀의 향이
나의 실핏줄에 젖어 든다.

긴 세월을
망부석(望夫石)인 양 외발로 선 채
여인은 기다렸고
이 세상 멋진 하루
내 그림자는 그녀 발밑에 묻어둔 채
저 붉은 노을처럼
눈시울마저 붉혔다.

울다가
울다가 헤어진 뒤
무영탑인 양 여인의 붉은 그림자는
어디에도 보이질 않았다

낯선 이름 하나
사랑니 근처에서 맴돌다가, 잘게
잘게 부서진 채
길을 잃었다.

반딧불

어디가
얼마만큼 아픈지도 모른 채
혼자선 감당키 어려운
속내 하나

이젠
어쩔 수 없다
벌써 어디까지 타오른
불씨 한 점

정녕
외로우며 태워도 되는구나.
가슴까지

덩달아
발가벗은 채 빨갛게 다 태운다.

초승달과 반딧불
그리고
나.

천전리 각석(刻石)

그대 하얀 손짓에
시대를 거슬러 오르듯
대곡천(大谷川) 징검다리 건널 때
환하게 닿는 저 몸짓.

아직도
선사시대의 순한 눈빛을
고스란히 남겨 놓아 나는,
어찌하란 말인가.
아름다운 흔적들을
씨받이하듯 온몸으로 받아들여
속마음까지 치장해 놓곤
여태 부끄럽구나.

건너에선
그대를 구경하다 간
공룡의 발자국들이

꽃 같은 화석으로 남아 있어
나는 신을 벗었다.
화석으로
발자국 두엇 남길 수 있다면
그때까지 나는 서 있으리.

아직도 두근거리는
그대 가슴 붙들고.

* 천전리 각석 : 국보 제285호로 울주군 언양읍 대곡리에 위치. 신석기 시대 때부터 물려받은 유품이며 강 건너편에 공룡 발자국 화석이 200여 개 있음.

아버지

하늘은
늘,

참아라
참아라
가을비처럼 꾸짖기에

아버지 떠나신 빈자리에서
먼 하늘만 바라보다가

아버지
이제야 알았어요
저 하늘도 한없이
외로운 것을…….

그믐달

그대
먼 길 왔다

오늘내일
생사(生死)를 넘나드는
길까지 왔다

세월도 무심치 않은 듯
생일상 같은
제사상을 흥건히 차려 놓으며

별똥별 하나
정성껏
지방(紙榜)을 쓴다.

고인돌 앞에서

언제부턴가
처용가(處容歌)의 음률마저 잊어버려
오늘이, 늘
어제보다 외로운 사내가 있다.

가난하여
비석 하나 보듬지 못한 채
발가벗은 육신으로
숱한 시대를 곰삭인 사내는
석기로 다듬은 날줄 씨줄이 정교해서
삭망(朔望) 때마다
까맣게 여문 외톨의 흔적을 부여안고
목울음 삼킨다.

약속,
오고 갈 사내들의 약속 위해
인생의 깊이를 다 파헤친 양

헝클어진 그림자를 끌어안고
나는
그대 앞에 선다.

선사시대 여인들처럼
다듬지 않은 마음만큼이나 큰 흔적
찬란한 울음 앞에서
날줄 씨줄 하나 없는 남은 생 끝자락을 붙들고
오늘도 나는
비석(碑石)인 양 희끗하게
춤을 춘다.

고인돌이여!
얼마나 더 외로워야 몸짓이 되는가?
그대처럼
검버섯마저 까맣게 생기가 도는…….

길 1

인생살이
모두들 공평하게
지름길을 가고 있다.

가는 길에
희로애락(喜怒哀樂)에 붙들려
구만리라 하지만
찰나(刹那)의 시간 속에서
인생이란
허드레 길을 걷고 있다.

다들
지금 가고 있는 이 길은
한세상 잠시 머물다 가는
이 세상에서 가장 빠른
지름길이다.

순간에서
순간으로 향하는 지름길에서
무엇이 아쉬운 듯
누구나 한번쯤은
뒤돌아본다.

귀뚜라미 1

ㄱ ㄴ 에
ㅏ ㅑ ㅓ ㅕ 붙들고
남은 세월 어떻게 헤매야 하나?

ㄱ ㄴ 기러기 떼
알찬 글자에
귀뚜라미 또르르
잘도 읽는데.

눈물 1

나는
아내의 눈물을 먹고 산다.

여태
그 눈물로 살았다.

내 인생에
간을 맞춰 주는 눈물.

늙어갈수록 더 간간해지는
아내의 눈물.

달맞이꽃 1

온 세상 여자들이
붉은 태양만 바라보고 있을 때
그대는
오직,

정절 하나
촘촘한 참빗으로 가다듬어
벌써
그 마음은 꽃이 되었네.

선머슴처럼
휘둥그레 밤중에만 나도는
얼레빗 같은 사내에게
둥근 달에게,

해 질 녘부터
들뜬 당신 마음은

이미
고운 사팔뜨기가 되었네.

달을 보면서

고향이 없는 바람은
늘
타향에서 맴돌고……

다 잊었는가 싶었는데도
문득
밟히는 그림자 하나에
달을 쳐다봅니다.

여기가
어딘지도 모르면서
달을 쳐다봅니다.

머뭇거리는 사이
곁에서 서성이던 바람은
이미 멀리 갔습니다.

평생을 나돌다가
고향을 잊어버린 나처럼
고향이 어딘지도 모르면서
바람은…….

당신

당신 곁엔
늘
목마른 사내가 있어요.

한 모금
또 한 모금 마셔도
늘 허전한

그 사랑
늘
마시는 사내가 있어요.

가슴으로만
달구어내는 사랑
늘 뜨거워서

몰래
들춰 본
속적삼 속엔

까맣게 타버린
가슴
당신이 밉소.

망부석(望夫石)

나는
저 여인이 좋다.

외로움보담
순결이 더 좋아서 발가벗은 여인
덩달아
치술령 가을비는
먼 데서 온다.

* 신라 박재상의 부인이 치술령에서 망부석이 되었다는…….

목련 1

홑치마에
살금살금 야릇한 봄이

외씨보선
하얀 목련(木蓮)을
사정없이 와락.

백로

한세월
새 한 마리 날아간다.
9월 초순에,

한세월
새 한 마리 날아간다.
하얀 새가,

한세월
새 한 마리 날아간다.
이슬처럼,

백로(白露)에
백로(白鷺)가 날아간다.
백로(白露)처럼.

봄

꽃 때문에
아프다

울긋불긋
마음마저 상한 채
몰래
속내까지 적셨다

봄이여
그대의 내숭은
꼭
女子 같다.

비너스여!

비너스여!
아름다운 그대 가슴에
이 세상 사내들은
여태
행복해 하지만

행여
두 손으로
치마끈마저 풀었다며
비너스여
이 세상 사내들은
사내들은…….

* 두 팔이 없는 반나(半裸)의 비너스 조각상을 슬쩍 훔쳐보면서.

제 2 부

손녀의 안부

손녀야
가끔씩 궁금한 안부(安否) 하나면
평생을 살아도 아름답단다.
늘,
앞산을 들러서 오는
저 바람처럼.

손녀의 안부

내게로 오기 전
바람은 늘,
앞산을 들러서 온다.
햇살에 따사로운 어느 봄
할아버지, 저 나무가 이상해요 아픈가 봐요.
새싹 돋는 갈참나무에
한나절
네 마음이 내 마음이다.

내게로 오기 전
바람은 늘,
앞산을 들러서 온다.
잎사귀마저 짙은 한여름
할아버지, 저 나무는 왜 푸르러요?
파랗게 젖은 갈참나무에
한나절
네 마음이 내 마음이다.

내게로 오기 전
바람은 늘,
앞산을 들러서 온다.
하늘빛도 엄숙한 늦가을
할아버지, 저 나무도 색깔이 변했어요.
단풍 든 갈참나무에
한나절
네 마음이 내 마음이다.

내게로 오기 전
바람은 늘,
앞산을 들러서 온다.
눈발 날리는 한겨울
할아버지, 엉엉 울겠어요, 다 벗었잖아요.
네 살배기 손녀는
한겨울에도 갈참나무를 찾는다.

손녀야
가끔씩 궁금한 안부(安否) 하나면
평생을 살아도 아름답단다.
늘,
앞산을 들러서 오는
저 바람처럼.

수평선 1

그대 마음
누가 훔쳐갈까 봐
아무도 몰래 숨겨 놓았습니다.

술래도
못 찾는
내 마음 저 안쪽에.

시인(詩人)

이 세상에
시인이 아닌 사람은
한 사람도 없다.

여린 마음에
들춰질 진심이 부끄러워
불그스레한 글귀마저
심장 깊이 묻어 둔 채 곰삭인다.

그래서 인생은
늘,
미완성이다.

* 아직까지 글쓰기가 게을러서.

실록(實錄)

실록을 쓴다.
하루 한번은 실록을 쓴다.

IMF에 명예퇴직이
새 천년의 희망인 줄 알았는데
우람하던 벽시계는 반년도 안 되어
거덜 난 생기로 불알마저 축 늘어뜨린 채
사낼 찾는다.

축 늘어진
시계불알 밑에 뒹구는 사내
순한 사내를 위하여
마누라는 일당 몇만 원에
남들이 흘려 놓은 땀 닦으려
찜질방에 간다.

요령같이 불알을 흔들고 다녀도

살기 힘든 세상에
축 늘어진 시계불알이
실록을 쓰는
사내의 유일한 대변인이다.

한없이 늘어진 시간이 못 미더워
어느 날,
마누라는 벽시계 심장에 덜렁,
건전지를 꽂았다.

한없이 미그적거리던 시간은
불알소리 맞추어 눈치도 없이 뜀박질 한다.
덩달아
헐떡이며 따라가는 사내 위해
대변인은
목청껏 긴 실록을 쓴다.

늘 그렇듯,
한 토막뿐인 사내의 한숨소리
그 전부를…….

연리지(連理枝)

철들고부터
외로움,
그래서 사랑했다.

처음엔 부끄러워
눈도 감았지만
그러는 사이 정 들었다.
이젠
몸짓으로 산다.

하고많은 세상살이
이젠
걱정도 없다
사시사철 꼭 껴안고 있다가
봄이면 슬쩍
꽃을 피우면 되는
몸짓,

한세월
무슨 짓이 더 필요할까
천년이고
만년이고
이 짓으로 산다.

우수(雨水) 1

추적추적
낙숫물 소리에
한세상 고뇌 다 팽개친 듯
통도사 노승의 해묵은 고무신 한 짝
오늘은 고단한 듯
댓돌 모서리에서
옆으로 돌아누웠습니다.

한나절
웅크리고 돌아누워
빗소리를 듣습니다.

절기(節氣) 하나
빗물에 매달려 둥둥 떠내려가며
홀로 남은 대웅전도
그렁그렁
마당 가득 한 울음입니다.

한평생
먼 하늘만 바라보던 금강계단(金剛戒壇)도
빗줄기에 매달린 우수엔
남은 생 다 팽개치듯 엎드려 웁니다.

비릿한 사내가슴에
정든 여인 찾아와
엉엉 울듯이…….

* 비 오는 그날, 슬그머니 통도사를 훔쳐보다가.

우체통

여인이 왔습니다
혼자선
속을 달랠 순 없는지
가을비를 맞으며 왔습니다.

온몸으로
머뭇거리는 여인
내 가슴이
가을비처럼 달아오릅니다.

을숙도 같은
사내 가슴은 처음이듯
사연(辭緣) 하나
슬며시 가슴속으로 들어옵니다.
나는
뜬눈입니다.

그대 숨결
내 속에 있어도
속을 달랠 수 없는
깊은 밤.

차라리
마음 하나
붉은 화석(化石)으로 남기고 싶어
온몸 가득 빨갛게 태워 봅니다
저 붉은 여인처럼
가을비를 맞으면서…….

* 늦가을 어느 날 저녁 비 맞고 선 빨간 우체통이.

윷놀이

인생은
한판 윷놀이다
젊었을 적엔 아무렇게나 던져도
모 윷이 잘나왔었는데
늘그막엔 정성껏 던져도
도 개만 나온다.

인생은
한판 윷놀이다
젊었을 적엔 아무렇게나 던져도
낙판은 없었는데
늘그막엔 윷가락마저 빼먹는
낙판도 생긴다.

인생은
한판 윷놀이다
젊었을 적엔 도로도 모를 잡았지만

늘그막엔
모로도 도를 못 잡는
인생은 한판 윷놀이다.

자서전(自敍傳) 1

통도사
무풍한송(舞風寒松)에 들어서며
누구든
자서전을 쓴다.

바람인 양
구름인 양 정신없이 헤매다가
무풍한송에 들어서면
굽은 그림자 부여안고
자서전을 쓴다.

참모습 그대로인
껍질에 껍질을 보탠
빈껍데기로
먹빛 소나기처럼 울먹거리다가
무풍한송에 들어서면
자서전을 쓴다.

정성껏 다 쓴 양
바람개비처럼 머뭇거리다
무풍한송 벗어나면
자서전은 흩날린다.

바람인 양
구름인 양
참모습 그대로인
빈껍데기로 팔랑팔랑…….

* 무풍한송(통도팔경) : 난, 왜 이 길이 좋을까.

인생 1

젊었을 땐
굽은 대나무 자로도
척척
한 치 오차 없었는데,

이젠
디지털 계량기로
한나절 생떼를 써 봐도
영영
성이 안차니…….

장미 3

몰래
반야심경(般若心經)이라도 훔쳤느냐
성숙한 몸짓에
그 입술은.

* 통도사 어느 난간에 기댄 장미가.

장승

발가벗은 채
피붙이 하나 없는 세상에
입적(入寂)하듯 늙은이로 태어난
사내가 있다.

나비잠도 몰라
꿈도 한번 꾸어보지 못해
겉늙은 사내

입덧하듯
천하대장군을 부르짖어도
외로워서 두 눈 부릅뜬 채
울고 선 사내

걸음아
걸음아
평생 헛걸음만 하다

설 자리조차 없는 나는,
그대 곁에서 잠시 머뭇거리다가
또
한나절 꿈을 꾼다.

장미 4

사랑
아! 붉은 사랑

차라리
해거리라도 했으면 좋겠네.
연년이 그 몸짓
너무 아파서.

첫눈 오는 날

기다리지 말자
행여 망설일는지

마중도 하지 말자
부끄러워 먼발치에서 돌아설는지

그래도
그래도……

장가가던 날
울렁울렁 꽃가마 속이 궁금하듯이

문설주 붙잡아도
마음은 벌써.

콩깍지 1

그리움에
짝 하나 실었습니다.
콩깍지에

설렘에
하얀 돛 달았습니다
콩깍지에

머물기 위해
큰 닻도 실었습니다.
콩깍지에

사랑 찾아
뜨거운 곳 찾아갑니다.
콩깍지 타고

한세월
올록볼록한 사랑
콩깍집니다.

통도사 천왕문에서

무엇을 훔치려 왔느냐
나는,
어미 묻은 습한 가슴에
지국천왕 검 하나 훔쳐 꽂으려다
광목천왕 비파소리 탐하여
천왕문을 맴도는 나는……

무엇을 훔치려 왔느냐
나는,
깊은 가슴에 늙은 아비 묻어도
길 따라 세월은 흘러
돌아서며 다 잊을 줄 알았는데
'야야 밥 먹어라' 하시던 그 말씀 아직 선해
다문천왕 보탑 아래
맴도는 나는……

무엇을 훔치려 왔느냐

나는,
때마다 목쉰 범종각 목어(木魚) 울음에
증장천왕 늙은 용(龍)도
허기진 듯 들락거리는 천왕문에
무게도 없는 긴 그림자로
어슬렁거리는 나는……

무엇을 훔치러 빈손으로 왔느냐
나는,

천왕문 늙은 기와엔
벌써
저녁이슬 까맣게 익는데
나는
나는.

풍경(風景)

자다가도 일어나서
이놈 엉덩이 한번 만져 보고
저놈 엉덩이도 만져 보는
저 산의 마음을
이제야 알 것 같소.

자다가도 일어나서
이놈 엉덩이 한번 두드려 보고
저놈 엉덩이도 두드려 보는
저 강의 마음을
이제야 알 것 같소.

그저
푸른 산만 바라보다
그저 푸른 강만 바라보다
어느 날 산천이 오라 하며
고향이듯

타향이듯
풍경 속으로 가고 싶소.

훨훨
내가 나를 벗어던질 수 있는
저 풍경 속으로…….

추억(追憶)

맛이 없다
입덧한 지 언제인데
나이도 늙음도 맛이 없다.

이럴 땐
가슴 깊이 갈무리해 둔
추억 하나 버무려야 군침이 돈다.
곰삭은 그리움 하나
살짝 곁들여.

* 아직도 우물우물 생각이 나니.

하늘이시여

새 천년
그렇게 부르짖던 새 천년 벽두(劈頭)에
하늘을 태웠다.
무자(戊子)년 정월(正月) 초나흘 밤
백의민족 자손들이
백의민족의 얼을 태워 버렸다.

민족의 얼
숭례문을 태워 놓고
문이 없어진 문 앞에서
까칠한 얼굴들……

천년고찰 낙산사 태운 지 이태도 안 되어
국보 1호마저 태웠으니
산을 대하기도 부끄럽고
강을 대하기도 부끄러운데
얼빠진 인간들 뉘 탓 남 탓

탓 타령에
또 하루 해 저문다.

낙동강 늙은 주모는
낡은 주막 지키려 몇 대째
배추 전에 막걸리로 초가삼간 보듬는데
대통령과 당선인
둘이서 지켜보는 가운데
제 지내듯 활활 숭례문을 태웠다

숭고한 얼 태워 놓고
선량한 자 외, 또 누가 울었을까?
그 누가 울었을까.

하늘이시여!
타버린 그 빈자리에서 머뭇거리는
정월 열엿새 까칠한 달을 용서하소서

대낮부터 노숙자처럼 울부짖는 태양도
용서하소서.

하늘이시여!
하늘이시여!

* 무자년 정월 초나흘 저녁 대통령과 당선인, 온 국민이 지켜보는 가운데 숭례문이 활활…….

하마비(下馬碑)

산문 지나
통도사 부도전(浮圖殿) 앞에
작고 허름한 비석이 있다네.

조선시대
헛기침에 씻긴 듯
글자마저 흐릿한 하마비
눈물을 글썽이면서 있다네.

삼정승 육판서
서슬 퍼런 고관대작들도
국법도 아닌 하마비 앞에선
그 높은 말에서 내려
예를 다 하였다는데,

명불허전인가?
민심이 노하도록

몇백억, 몇천억 하면서
날마다 지지고 볶는 소문에
하마비는
늘 울고 있다네.

하마비(下馬碑)여!
그대는 언제까지 울어야 하는가?
말에 탈 인간들이 없어진
이 강산에서…….

* 통도사 초입에 서 있는 하마비를 보면서.

허수아비 1

이제껏
누가 나에게
돌팔매질 한번 하였던가?

불쌍한 인간들을 위해
나는
돌팔매질한다

그 옛날
죄짓고는 못 사는 곰 한 마리가
죄 안 짓고는 못 사는 인간이 되어
여태……

그들 위해
나는,
십자가처럼 굵은 팔뚝으로
돌팔매질한다.

인간들은
하나 둘 돌팔매질 당하는
허수아비가 되었다.

나이

그 옛날
손가락 하나 꼽고
어느 세월에 철들까 싶었지만
엉금엉금 기면서
비뚤비뚤 걸으면서
어느새 이만큼
묵직한 무게여……

가다가
오다가 부풀려진 세월 속
한 움큼
한 움큼 덧쌓인 나이테에 매달린 채
빈 걸음마저 무거워
이제야 앞뒤가 허전한 길목에서
울컥해지는데,

세월에 씻긴

부석사(浮石寺)는 나날이 가벼워진다는데
손가락에 매달린 그대는 어찌하여
하나라도 버리지 못하면서
정월 초하루 식전부터
천근만근
덧셈만 하는가.

달맞이꽃 2

오늘도
외롭다고
꽃이 되었네.

저녁부터
배시시
꽃이 되었네.

한밤중엔
여인으로
달마중 하더니

동틀 녘엔
노랗게 부끄러운
그대 이름은.

목련 2

슬쩍
하얀 저고리를 들추면
얼마나 놀랄까

궁금해서
앳된 속내 하나
훔쳐본다네.

불긋하게
속마음 가리고 있는
속적삼 붙잡고

넌지시
내 마음도 은근슬쩍
들춰 보인다네.

바다

그대는
늘
얄궂은 몸짓으로 살고……

그 몸짓에
나는,
마음마저 발가벗는
죄인이 된다.

제 **3** 부

시인의 아내

시인은
겨울비처럼 꿈을 꾸면서 살았지만
시인의 아내는 여름비처럼
꿈꿀 시간도 없이 살았다 하네.

산 1

세상에서
가장 정직한 것은
그대다

세상에서
이보다 더 정직함이 또 있으랴
성냄도 한번 없이
꾸지람 한번 없이
올라간 것만큼 내려 보내는
그대

한 발자국도 남김없이
다 짊어지고 내려온 나는
한 번씩은
꼭
뒤돌아본다.

산뜻한 그 미소에
발이 묶이어…….

수석(壽石) 1

어미 이름도
잊은 채

오며
가는
세월 한 모퉁이에서

여태
수절(守節)로만 가꾸어 온
여린 몸인데

이제야
낯선 사내 속내 훔쳐보곤
연지 찍는다.

수평선 2

아득한
그대 가슴이 궁금하여
가득
발꿈치를 들었습니다.

한나절이나
속내부터 기울어지는
나의 무게여!

시인의 아내

늙은 시인은
지나온 일들이 꿈같다지만
시인의 아내는
살아가야 할 일들이 꿈만 같다 하네.

시인은
겨울비처럼 꿈을 꾸면서 살았지만
시인의 아내는 여름비처럼
꿈꿀 시간도 없이 살았다 하네.

시인은
천지간에서 울었고
아내는
지척(咫尺)에서 울었다네.

그렇게
그렇게

시인의 아내는
가을비처럼 평생 울고 산다네.

역사를 위하여

역사를 위하여
석기시대 인간들은
돌을 두드려 돌칼을 만들었다.

역사를 위하여
철기시대 인간들은
쇳덩이를 두드려 창칼을 만들었다.

역사를 위하여
새 천년 인간들은
거짓말탐지기를 만들었다.

그러나
서로 헐뜯는 삿대질에
소도 웃는 세상,
차라리 쇠망치로 돌멩이나 두드리자
돌멩이가 부서진다고

역사가 기울어지겠느냐
거짓말탐지기도 못 미더워
왈가왈부(曰可曰否)하는
세상에…….

자서전(自敍傳) 2

이것저것
훔쳐 쓴
인간들의 슬픈 자서전보담,

진솔한 삶 그 흔적을
한여름 마른 땡볕에
꾸불꾸불 온몸으로 배밀이하는
늙은 지렁이의 자서전이
더 아름답다.

장미 5

그녀는
내 눈짓이 뜨겁다고 한다.
오뉴월
태양보다
더 뜨겁다고 한다.

이젠
다가서는 발자국 소리에도
어쩔 줄 몰라 한다.
마주서며
정말
어쩔 줄 몰라 한다.

축제

꽃 때문에
아프다.

누가
이토록 아프게 하였을까
속내마저 붉다.

꽃이
꽃을 사랑하는
아름다운 축제에
서운암 늙은 스님은
무슨 마음일까?

꽃 때문에
꽃이 아픈 이 봄날
화들짝

통도사 서운암의

꽃

꽃

들꽃축제.

* 통도사 서운암의 들꽃 축제를 보면서.

초승달 1

정 때문에
속가슴 다 떼어 주고도
모자라서

은하수
건너면서도
못 미더워 하는…….

코스모스

하늘하늘
한들거리는 그대 모습에

어쩔거나……

한눈팔던
하얀 반달 길을 잃었네.

* 하필이면 반달이……

하루살이 2

오늘도
하루살이가 운다.
순하게 살아온 하루
두 눈 가득
이별 눈물 가득한데,

몇백 년
몇천 년 살 것 같은
인간들은
평생 동안
눈물은 귀하다네.

인간들은
늘
하루살이같이 살아갈 때
하루살이는
하루살이는…….

* 오늘도 나는…….

국화 1

가을은
남자의 계절이라는
슬픈 사연을,

이 가을
다 지나도록
알아차릴까?

하물며
찬 서리에 그 절개
어찌할 거나.

구름

내 모습이
꿈같다 합니다.
그러고 보니 꿈같습니다.
아하!
꿈같이 살았습니다.

내 모습이
덧없다 합니다.
그러고 보니 덧없습니다.
아하!
덧없이 살았습니다.

내 모습이
부질없다 합니다.
그러고 보니 부질없습니다.
아하!
부질없이 살았습니다.

잠시(暫時)나마
꿈같이 나는,
티 없는 하늘에서 살았습니다.
아하!
흔적 하나 그리면서 살았습니다.

그런 당신은
어디에서 헤매입니까?
한평생 부대낀 그 흔적(痕迹)을
어디에 남겨 두려 헤매입니까.
지금도
꿈길보다 아리송한
길목에 서서…….

그 이름

망각이란
잊어버리는 것

걸음아
걸음아
한세월 가도

뾰족하게 돋아나는
슬픈 이름이여!

그리움 1

비석은 세우지 말자

아직
못 잊는 것도 버거운데
무거운 흔적은,

밤새도록
알싸하게 후벼 판 빈자리에
사랑니같이 돋아난
언덕배기 하나

그래도 그 위에
비석(碑石)은 세우지 말자.

달

달은
여인을 닮았다.

어제 모습
오늘은
절대 보여 주지 않는다.

사귈수록
더 아름다워지는
그대의 내숭.

* 늘 변하는 모습이…….

반달

늘
야릇한 눈짓에
간직해 온 내 순결
반이나 허물어져 버렸네.

그대여
아직도 날 사랑하는가.
쓰다듬던 뺨마저
여위었는데…….

비가 오며

비가 오며
멀리 있는 사람이 그리워진다.
봄비가 오며

비가 오며
가까이 있는 사람도 그리워진다.
여름비가 오며

비가 오며
당신 속에 내가 그리워진다.
가을비가 오면

비가 오며
내 안에 당신이 그리워진다.
겨울비가 오면…….

* 어느 비 오는 날, 막걸리 한 사발 들이켜다가.

수석(壽石) 2

어느 날
발가벗겨진 채
낯선
사내에게 붙들려,

심청이처럼,
속세(俗世) 떠나던
온몸
부끄러운 날.

중얼중얼
그 사내도
한나절이나 발가벗었다.

* 욕심으로 냇가에서 헤매다가.

십이지(十二支)

여태
덩치 작은 쥐가 살아도
지구는 아무 탈 없었고
덩치 큰 소가 살아도
지구는 아무 탈 없었네.

범 토끼 용 뱀 말 양
원숭이
닭
개
돼지 등 십이지만 어울려 살았어도
지구는
아무 탈 없었을 텐데,

십이지(十二支)에도 속하지 못한
욕심스런 인간들이
듬성듬성 산천을 허물어

지구는 탈이 생겼네.

해와 달은
젊은이들같이 멀쩡한데
하루하루 허물어져 가는 지구여!
아파서
아파서 울다가
미아(迷兒) 되어 떠나는 날
욕심스런 인간들은 떼어 놓고
어여쁜 십이지만 안고
별똥별처럼 울어라.

수평선 3

언제쯤이면
속내 알 수 있을까.

아득한 저 멀리서도
눈길 하나 다 훔쳐 간
그대 마음을…….

우수(雨水) 2

이맘때쯤이면
추적추적
기별 옵니다.

치술령의 망부석도
오늘은
속가슴마저 흥건히
다 젖었다고…….

* 우수(雨水)에 망부석은…….

입춘

해마다
이별 한번 못하고
헤어졌는데……

새벽부터
저 혼자 맨발로 찾아온다기에
새벽잠 없는 반백(斑白) 급할 리 없지만
손때 묻어 버리지 못한 몽당비 하나로
작은 마당 쓸어놓고
서성인다오.

제 4 부

우포늪

혼자서
새의 가슴을 안은 당신
움푹한 그대 가슴이
겨울 내내
내 눈물처럼 아프다.

장미 6

그대여!
이젠
서투른 눈 맞춤 그만하자

이러다간
마음마저 흠뻑 젖어 버린다며
황홀한 입맞춤인들
무슨 소용 있을까.

춘몽(春夢)

목련이 환한
화창한 이른 봄
은근한 욕심에
몰래 한 가지 꺾으려는데
허리춤에 매달린 손녀가
할아버지
밟아도 되나요?
목련꽃 그림자를.

진실

백의(白衣)의 근성은
반만년이 지나도
변하지 않는데

조석(朝夕)으로
조삼모사(朝三暮四)라고
원숭이나 속일 수 있는 일을
그네들은
늘,

정녕
진실보담 망언(妄言)이 더 좋은가?
망언할 때마다
지진으로 온 나라가 난리를 쳐도
그네들은……

독도(獨島)여!

반만년 역사에 의젓하구나.
늘 그렇듯
환한 웃음으로
새 천년을 그대가 앞장섰구나.

독도여!
그대는 늘 진실한 모습이구나.
한국령(韓國領)
이 세상에서 가장 아름다운
이름표를 달고.

* 수시로 망언하는 그네들의 관료들을 보면서.

고수레

어릴 적
오뉴월 보릿고개에서
비탈진 감자밭 매다가
새참 땐, 늘
자주(紫朱)감자 반토막을
고수레하시던
어머니.

어머니 그리워
흰 감자 서너 골 심어 놓고
서툰 고수레는 오늘도
소주 반잔이라네.

보릿고개에서
평생
아린 자주감자만 긁으시다
삐딱하게 닮은

숟가락 하나 남겨 놓으신 어머니.

그 길 따라
나의 비탈길에서 고수레는
쓴소주 반잔으로
어머님 그려 보는
자화상이라네.

* 어머니 어머니…….

고향

산이 좋아
강이 산을 적시다가
강이 좋아 산이 강을 적시다가
일 년의 반은 해를
나머지 반은 아직도
별과 달을 품고 사는 그대는
고향입니다.

어릴 적부터
강가에 나다니던 초승달이 못 미더워
첨벙거리며 맨발로 따라다니다
아픈 채로 커 버린, 나는
가슴 저 안쪽
초승달 닮은 빈 술잔 하나
음각(陰刻)으로 새겼습니다.

바람 따라 맴돌다가
달빛마저 희미한
외지(外地)의 오랜 길 끝에서
문득
곱던 별마저 안보여 아플 때마다
음각으로 새겨진 술잔을 찾아
오늘도,

별을 찾아
달을 찾아
한나절 희미한 하늘 쳐다볼 때면
술잔이 잘 보이도록
가슴 저 안쪽을 쓰다듬어 주시는 당신은,

산이 강을 적시듯
강이 산을 적시듯
언제나 마음속을 적시는 당신은

고향입니다
늘,
술잔 하나 챙겨 주시는
어머니입니다.

기러기

가을 달밤
나는 모처럼 좋은 글을 읽고 있다.

술항아리 같은 맑은 하늘에서
깨알같이 고소한
그대의 시(詩)를…….

국화 2

하나
둘
다들 떠나

떠날까 봐
그대 붙들고
한참이나 울 참이었는데,

은근하게
곁에 남아준 그대여
이젠 못 참겠네.

이 늦가을
하나 둘 다들 떠난 빈 마당에
소문도 없이 은밀하게
무슨 짓인들 못할까

어여쁜 그대와
둘만
남아서…….

길 2

오늘도
내 모습이 슬프다
무슨 욕심으로 헤매고 있을까
갈림길에서,

오늘도
한참이나 헤매다가
고목나무 밑에서 잠시
쉬어 본다.

고목은 한세월
제자리에서 늘 아름다운데
뒤축 닳은 내 발자국은
갈림길에서 불쌍하다.

욕심스럽게도
내 인생의 절반은

갈림길에서 헤맸다.

헤매다가 지친
오늘도
슬픈 하루.

눈물 2

아내의 눈물
또
훔쳤다

그 눈물로
여태
먹고 살았다.

당신은
아내의 눈물
맛을 아는가?

달맞이꽃 3

반딧불이 가슴으로
마주 선 채로,
오돌오돌 둥근달이랑
무얼 했을까.

둥근달 달무리
몸살 나도록
밤새도록 달맞이꽃은
무얼 했을까?

식지 않은 왼뺨 가득
노랑 멍든 채
동틀 녘까지 달맞이꽃은
무얼 했을까…….

목련 3

제발
한나절만이라도
모르는 척해 주세요.

행여
신음 소리가 날지라도
용서해 주세요.

이 봄날
가슴속까지 파고드는
*쌍춘절(雙春節)엔 어쩔 수 없어요.

따사로운 햇살에
이러다가
이러다가
아지랑이같이 마음마저 하늘거리는데

하물며
낯익은 발자국 소리에
나는
나는.

* 쌍춘절 : 윤사월

바람

하루 한번
태양이 지나가는 시간에도
그 마음 흔들리지 않았다
바람은

차곡차곡
포개지는 세월의 무게에도
그 마음 흔들리지 않았다
바람은

몸은 비록
앞뒤가 다 닳은 앙상한 몰골이지만
상주인 양
밤하늘에 뼈를 묻는 유성을 배웅하곤
산천의 늑골(肋骨)에서 춤을 춘다.
바람은

허수아비를 만든
인간들과
인간들을 만든 허수아비
그들 앞에서 춤을 춘다.

살다가
한번쯤 삶의 회의를 느끼며
춤이라도 한번 춰 보란 듯
그대 앞에서 춤을 춘다.
바람은

오늘도
덩실덩실…….

보름달

달래야 한다.
저 여인을

매달린 채
하룻밤 울고 샐지라도

넉넉한 술잔 같은
저 여인을…….

산 2

산은
여인이다.

가파른 오르막에서
온몸으로 매달리는 그대에게만
몸을 받아 주는……

낯설지만
살며시 안겨 오는
여인이다.

그러나
이별할 땐 정든 그 사내처럼
저 혼자 운다.

소설(小雪)

사락사락

댓돌 위에
긴 치마 쓸리는 저 소리는

선뜻
문고리도 잡지 못하면서
풋내로 울어 버릴 여인의
하얀
발자국 소리입니다.

수석(壽石) 3

여인
옷을 벗다
군살 하나 없기에 더 아름답다.

속살마저 드러낸
이 깊은
밤엔.

수평선 4

맨손으로
당신의 가슴 만졌습니다.

한없이 기울어지는
나의
무게여.

* 그대 곁에 맨발로 섰는데 이왕이면 맨손으로.

숙제

세상에서
가장 어려운 숙제는
인간사이다
선인들이 풀고 간 답 중에
정답은 없기에
인간들은 여태
백지 한 장 붙들고
헤매고 있다.

* 아직도 나는…….

우포늪

눈물처럼
가슴이 뜨거운 새는
우포늪에 온다.

겨울이면
가슴이 뜨거워 날지 못하는 새
우포늪에 온다.

한겨울
울렁거리는 맞바람에도
하얀 낮달처럼 두둥실 뜨지 못해
뜨거운 가슴으로, 새는
우포늪에 온다.

우포늪이여!
혼자서
새의 가슴을 안은 당신

움푹한 그대 가슴이
겨울 내내
내 눈물처럼 아프다.

인생 2

인생은
한판 바둑이다.

욕심껏
큰집 가지려
바람 따라 다니다가
패(覇)에 걸려 옥집마저 잃고
패가망신하여
끝내 앉을 자리 없어
허물어지는…….

일식(日蝕)

아무리 배가 고파도
태양은 지구를 먹지 않습니다.

몇십억
몇백억 해 먹는 자들을 닮아
타락한 지구가
가끔씩은
저 선량한 태양을 먹습니다.

순한 당신은,
누구를 닮아야 하나요.

잔치

온 천지
천지가 난리 친 뒤에야
무슨 특보 발생

특보의 하객(賀客)은
늘 그렇듯
배고픈 서민들이다.

* 늦은 재난예보를 지켜보면서…….

장미 7

아직도
너무 태연하게
웃습니다.

초저녁이라서
그냥
견디는 척하는 건가요.

지금쯤은
어디까지 아플 때도
되었을 텐데…….

* 그냥 지나치려 해도 왠지.

저울

이 세상에서
가장 오래된 저울은 태양이다
수천만 년 지나도
붉은 추는 한 푼도 닳지 않았다.

이 세상에서
가장 정확한 저울은 태양이다
수천만 년 지나도
무게는 한 푼도 틀린 적이 없었다.

오늘도
지구의 무게를 달아 보려
붉은 추를 중천(中天)에 던져 놓곤
저울질한다.

제 5 부

들판에 서면

바람이 좋아
바람 따라 왔다가
길마저 잃어버린 구름처럼
오늘은 길을 잃었다.

전쟁

전쟁이 났다.

태극전사니
전차군단 앞세운 별들의 전쟁

상임이사국 하나
비상임이사국 둘마저
덩달아 신나서 뛰어다니며
부추기듯 전쟁을 미화시킬 때
전술(戰術) 따라
적진 깊이 터지는 장거리포에
끌어안고 울고 웃는
십이 전사들

골은 역시
시원한 장거리포가 아름답다며
모두 다 일어선 기립박수에

화답(和答)인가?
북녘에선
대포동미사일 펑펑 저 불꽃놀이
이에 질세라
4분(分) 더 추가되는
월드컵 전쟁.

* 2006년 월드컵 중, 대한민국과 독일전 때 북한의 미사일 발사를 지켜보면서.

국모(國母)

한여름
창 열린 여름밤.

어흥,
아이 무서워
어흥,
아이 무서워
세 살 난 손녀는 호랑이가 되고
여든 살 할머니는 아기가 된다.

손녀 앞에선
아기가 되고
자식 위해선 강한 엄마가 되는

한국의 엄마는
모두
국모(國母)다.

콩깍지 2

그대 속에
내가 들어 있는 한
나는 콩깍지를 쓸 수밖에 없다.

그대 속의 나를
현미경도
그 어떤 천체망원경으로도
찾을 수 없으니깐…….

하루살이 3

선달 그믐날
저녁

하루살이는
아직
태어나지 않았는데,

눈 깜짝할 사이에
지나 버렸네.

하루살이 같은
붉은 태양은…….

해바라기

우는 걸까
웃는 걸까

찡긋하는 태양에
낯부끄러운 듯

저 혼자 고개를 숙인
저 모습은.

* 나도 저렇게나 한번 울어봤으면.

사랑은

달 뜨던 곳에
붉은 해 떴습니다

달 지던 곳에
붉은 해도 졌습니다.

먼저 가고
뒤따라가더니
무슨 짓 하였는지
저녁노을 한참이나 붉습니다.

밤새껏
몰래 무얼 보았는지
작은 샛별 하나
새벽부터 혼자 부끄럽습니다.

곤하게

하얀 낮잠 자는 달
해는 저만치서
혼자 씨익 웃고 맙니다.

우습습니다.
사랑은 참 우습습니다.
샛별 하나 부끄러워
또 웁니다.

허수아비 2

동전 하나 없다

두 팔 가득
온 천지가 풍성한데
전 재산 다 모아도 동전 하나 없다

천년만년
비좁도록 지나가는 세월은
저렇게 넉넉해도
늘 허기진 그댄
무엇이 배불러 부처처럼 웃는가

두 팔 가득
가을바람처럼 넉넉한 그댄
오늘도 어제처럼
한세상이다.

고목(古木)

살다가
문득
잊어버렸다

반야심경(般若心經)의
색즉시공(色卽是空)도 허무하지만
차라리
나를 잊어버리니
아름다운 세상

이제야
허공에서 손을 씻는다.

귀뚜라미 2

또르르
또르르
시오리 가을 길 목이 메이며

귀뚜라미여!
시월 한 달 그 헛걸음
어찌하려고…….

그리움 2

엄동설한(嚴冬雪寒)
언 발꿈치
붉은 수숫대여!

아직
목 잘린 까만 그림자는
삭지 않았네.

길 3

아버지
할아버지
아! 외할머니.

평생
도랑 하나 갖지 못한
천수답 논둑길을
할아버지께서 첨벙거리시며 가셔도
꽃상여는 아름다웠고,

그 길 따라
당신의 삶 겹겹이 쌓아둔 채
눈물 한줄기로 이별하신 길에서도
아버지의 상여 소리 고왔는데,

낡은 지문 서너 줄
간신히 손바닥에 올려놓고

백일 지난 손녀 안아보는
숨차 오르는 눈물 속,
아버지
할아버지
아! 외할머니…….

노을

오늘도
무엇이 그토록 서러운가?

천지간에
마음까지 홍건하게
눈물만 가득…….

사랑 1

외로운
발자국 하나
어느 날
가슴속에 숨었다.

숨바꼭질하듯
아직
머뭇거리는,

그대
거기 숨어 있어도
늘
가슴이 뜨겁다.

금개구리 앞에서

아직도
금개구리는 혼자입니다
천여 년을 혼자 살았습니다.
속상하며 상한대로
발가벗은 채 혼자 살았습니다.

해가 지면
자장암 금개구리는
별똥별처럼 오늘을 또 내다 버립니다.
버리고 버려 모두 버렸기에
천년이 하루보다 가벼운 금개구리는
속상한 척 천년을 살았지만
버리기 아까워
또
오늘을 짊어진 나는
천근만근 바위처럼 무거운 몸으로
속상합니다.

속상한 채 나는,
금개구리를 훔쳐봅니다.
발가벗은 금개구리는
가진 것 없어 부끄러운 듯
손가락만 한 바위굴로 숨어듭니다.
혼자 남은 나는
천지간에서 머물 곳 없어
멍하니 울고 섰습니다.
욕심까지 하나도 버릴 수 없는
이 욕심(慾心)으로…….

* 금개구리 : 통도사 자장암 뒤 큰 바위에 손가락만 한 굴에 살고 있음. 금와 보살이라고도 부름.

홍시 2

긴 장대가 무서워
까치 밥 하나
감나무 끝에 매달렸네.

장대를 벌주듯
처마 밑에 매달 때
빨갛게
웃는 홍시
손녀처럼 웃는다.

노숙자

병술년(丙戌年)
경칩(驚蟄)날 아침 뉴스

"몇십 년 만에 찾아온 꽃샘추위에
 지난밤 나비 한 마리 얼어 죽었습니다"

개구리들처럼
무관심한 인간들 사이에서
꿈처럼 잠시(暫時)
이 세상에서 가장 값싸게 다녀간
어느 노숙자의
부고(訃告)였습니다.

* 경칩날 아침 뉴스에 노숙자가 동사했다는…….

들판에 서며

늘
모자란 듯하더니
어느새 넉넉함에
길을 잃었다.

바람이 좋아
바람 따라 왔다가
길마저 잃어버린 구름처럼
오늘은 길을 잃었다.

이른 봄부터
맨 가슴으로 시작하더니
이젠
어디 하나 더 채울 틈도 없구나.

들판에 서며
가을 들판에 서며

마음까지 넉넉해서
까칠하던 발등마저
부풀어 오른다.

숨바꼭질

달은
오늘도 숨바꼭질한다

가엾은 지구에
날줄씨줄 그어 놓고
국경선 그어 놓고 티격태격 싸우는
욕심스런 인간들 때문에
하루 한 번씩은
숨바꼭질한다

욕심스런 인간들이
은밀스런 알몸에
날카롭게 국경선 그을까 봐
하루하루 한 번씩은
꼭꼭 숨는다.

한밤중에
저 혼자 춤추던 달
인간들이 깰 즈음이면
서산(西山)에 숨는다.

달은
오늘도 어제처럼
숨바꼭질한다.

* 하여튼 인간들이란…….

부채

슬쩍
나는 벗고 싶은데

그댄
왜
고갤 젓느냐.

* 한여름, 부채 앞에서.

초승달 2

그대는
내 마음 훔쳤지만

움푹하도록
나는
그대 가슴을 훔쳤네.

오늘따라
밤새도록 뒤척일 그대
더욱 못 미더워.

* 새벽녘에 마중하면 더 반가워하는.

홍룡(虹龍)폭포

죄인(罪人)
늘,
천성산(千聖山) 울리는
그대는

차라리
쏟아지는 눈물이 더 홍겨울까?
한세월 질펀한
그 몸짓은

춘삼월
노루 뿔에 받혀 철쭉 터지며
속가슴 다 아픈 듯
목마저 쉰 채

홍룡폭포여!
그 언제 용틀임으로 승천하려나.

아침부터
발정 난 양 무지개는
먼 산 하나 끌어안고 놀아나는데…….

* 홍룡폭포 : 양산 팔경 중 하나. 용이 무지개 타고 오르는 듯해서.

진리(眞理)

암탉이 울면
집안이 망한다는
진리 속에 태어나서

암탉이 울어야
집안이 흥한다는
진리 속에 늙어 버린 나는

진리에
진리를 부둥켜안고
나는
한마디라도
무슨 말을 할 수 있을까.

* 무슨 진리가 그렇게나 많은지.

사랑 2

손녀의 앳된 울음이
아들의 너털웃음보다 아름다운 이유를 몰라
하늘을 본다.

하늘은
슬그머니 돌아앉아
초승달 하나 붙들고 있네.

나 어릴 적
아버지 몰래 할아버지께서 그리하셨듯이
초승달보다 고운
손녀의 새끼손가락을
살짝 깨물고 싶은,

그 마음 달래려
헛기침 앞세워 골목 나서는 마음을
졸고 있는 저 초승달은
알고 있을까?

갈대

차라리
발가벗고 싶다.

낯선 손짓에
한번쯤은 머물고 싶은
그대 곁에서…….

박윤기 시집

낙동강의 노을

초판 인쇄 2017년 6월 23일
초판 발행 2017년 6월 30일

지은이 | 박윤기
펴낸이 | 김효열
편 집 | 이미정
마케팅 | 김효숙 · 김영미 · 박미옥

펴낸곳 | **을지출판공사**

등록번호 | 1985년 2월 14일 제 2-741 호
주 소 | 서울시 마포구 양화진길41, 603호(편집실)
우편번호 | 04083
전 화 | 02) 334-4050
팩 스 | 02) 334-4010
이 메 일 | ejp4050@hanmail.net

값 15,000원

ISBN 978-89-7566-169-3 03810